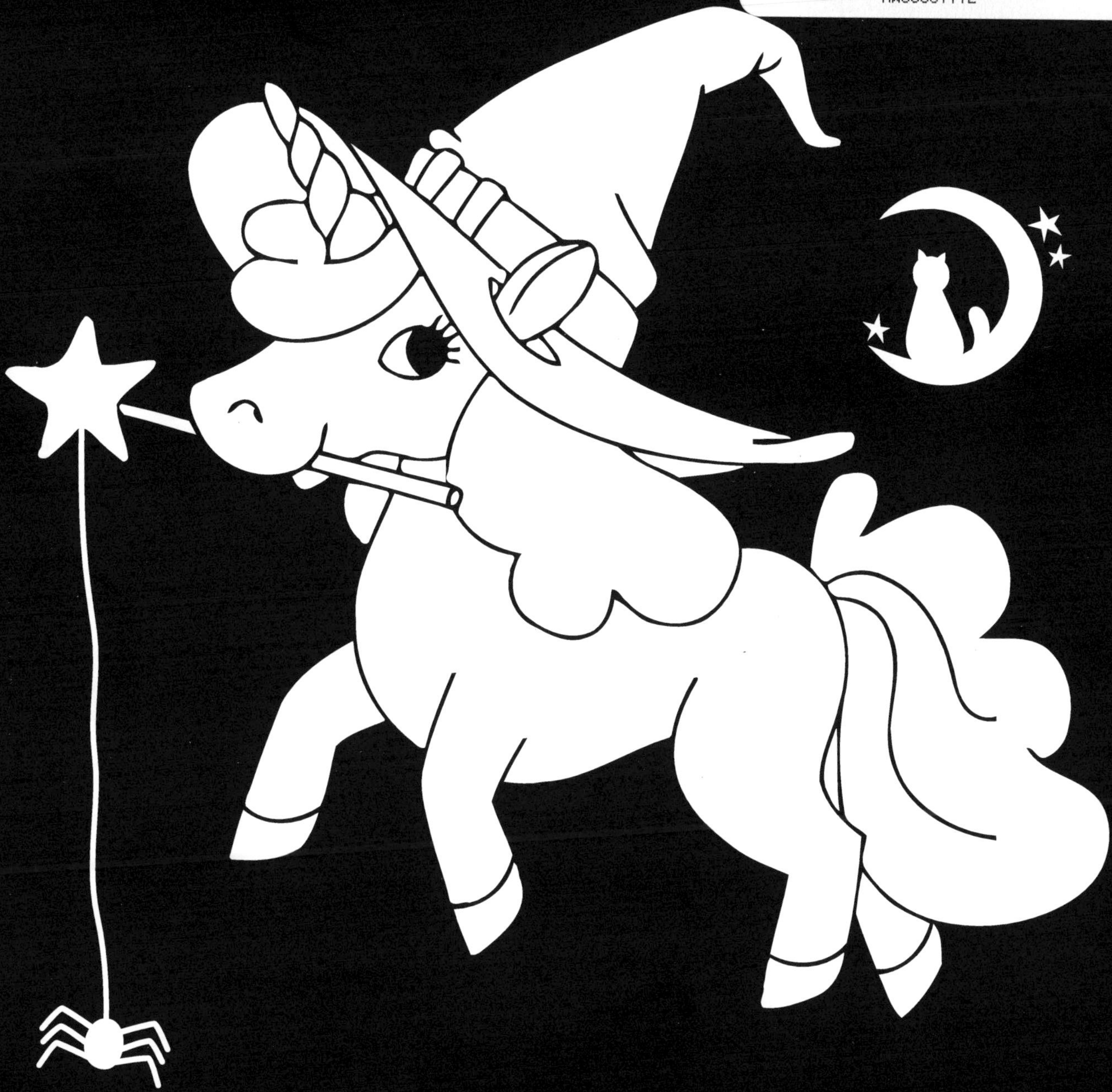

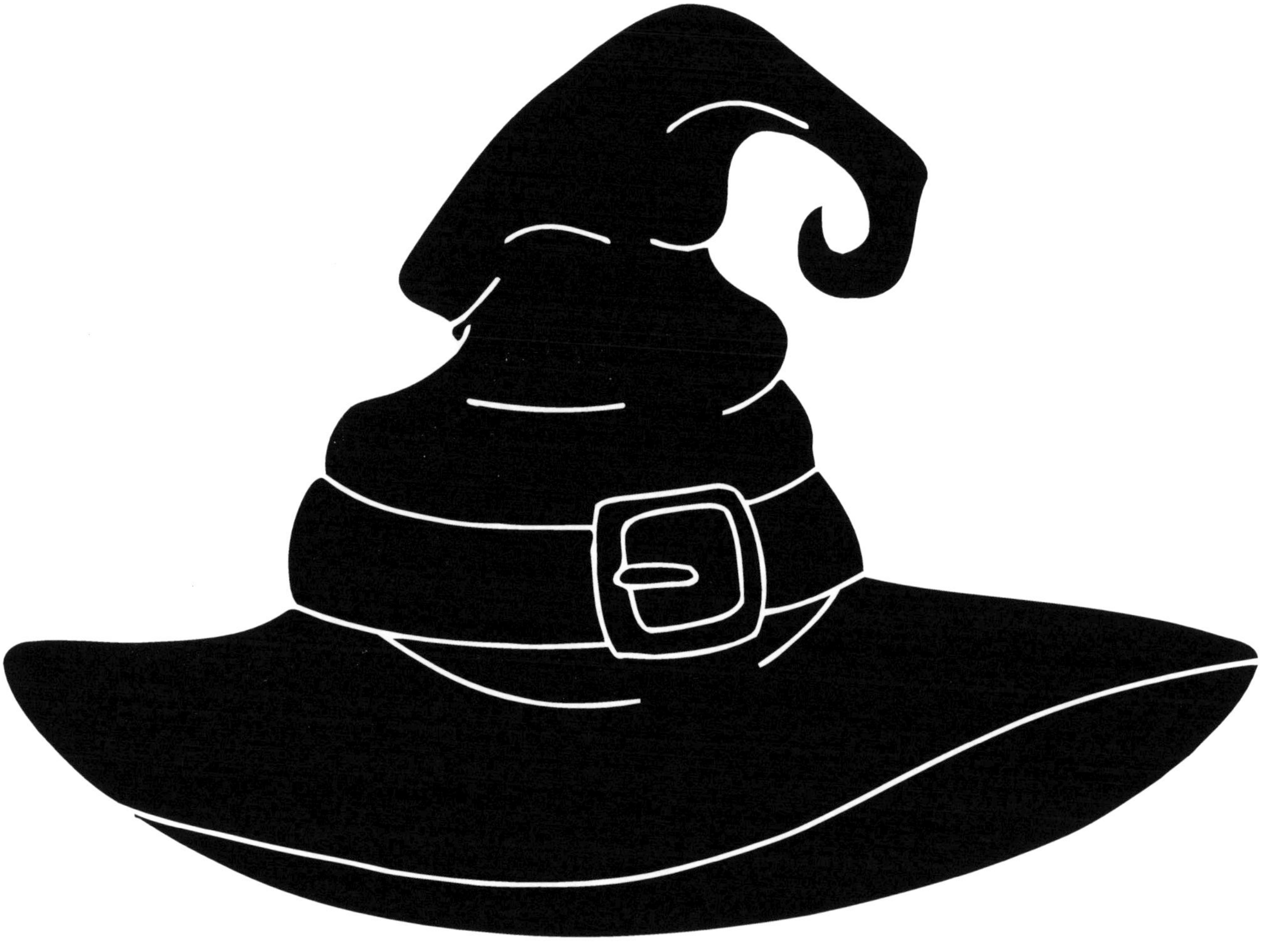

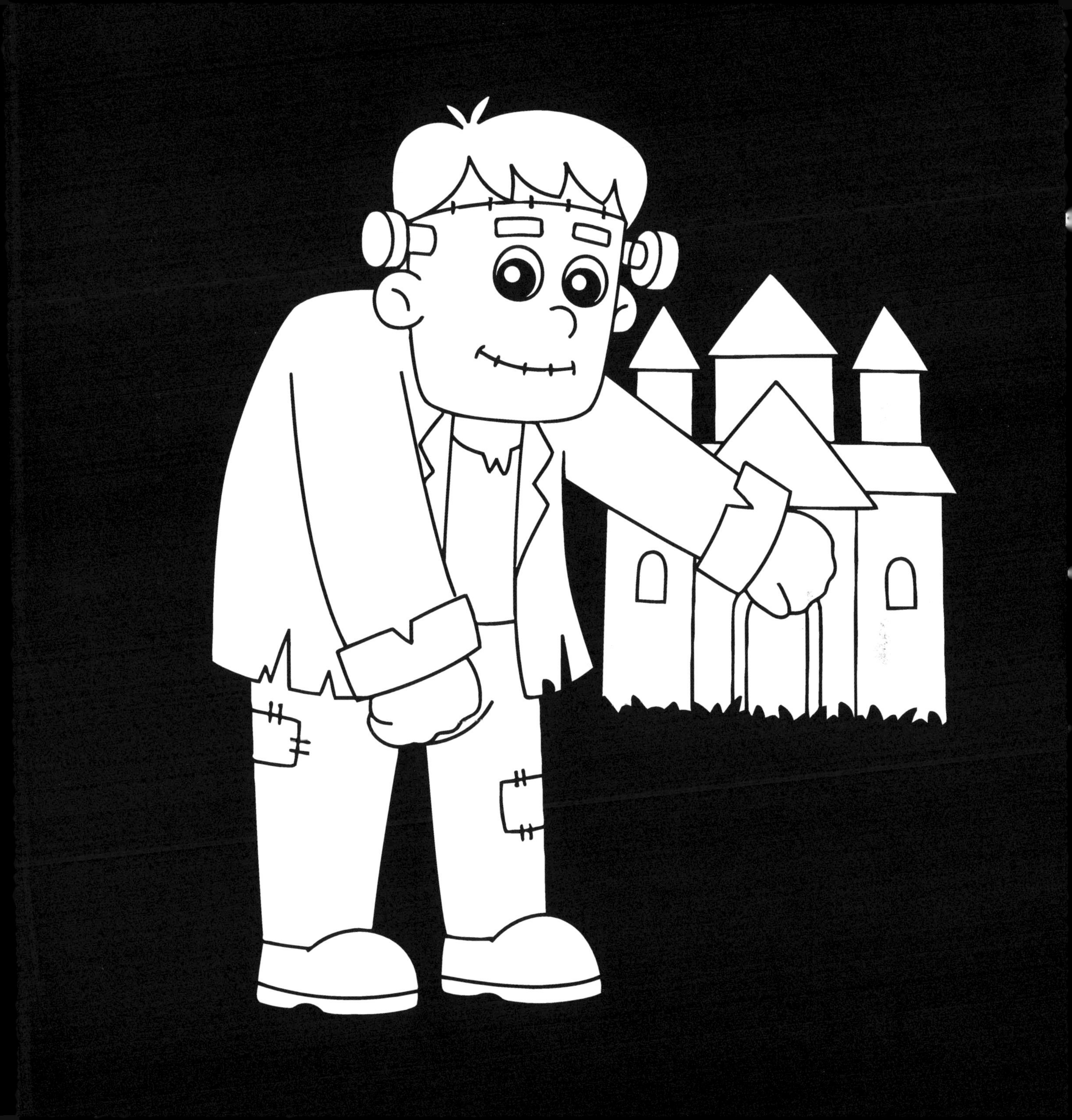

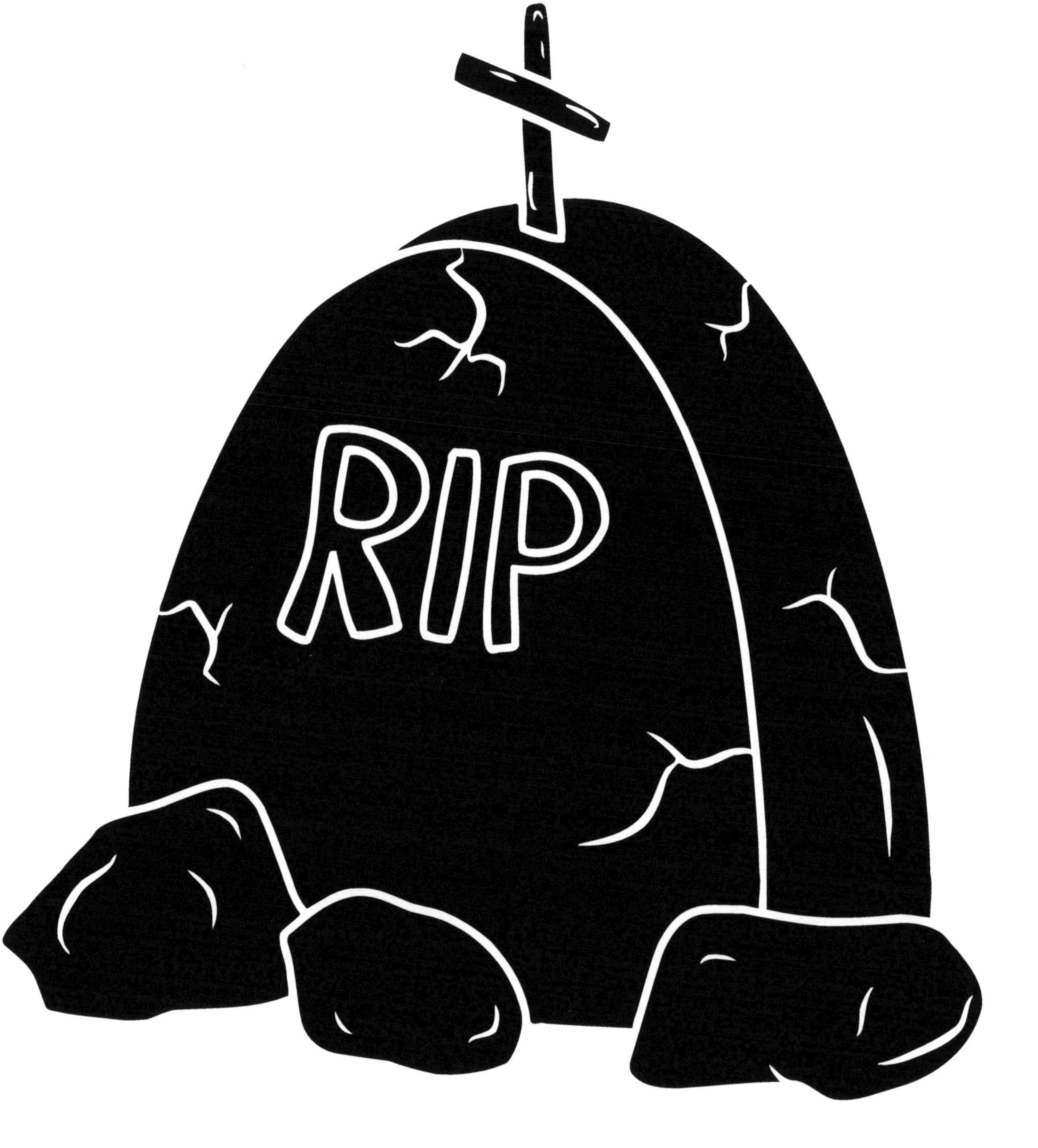
RIP

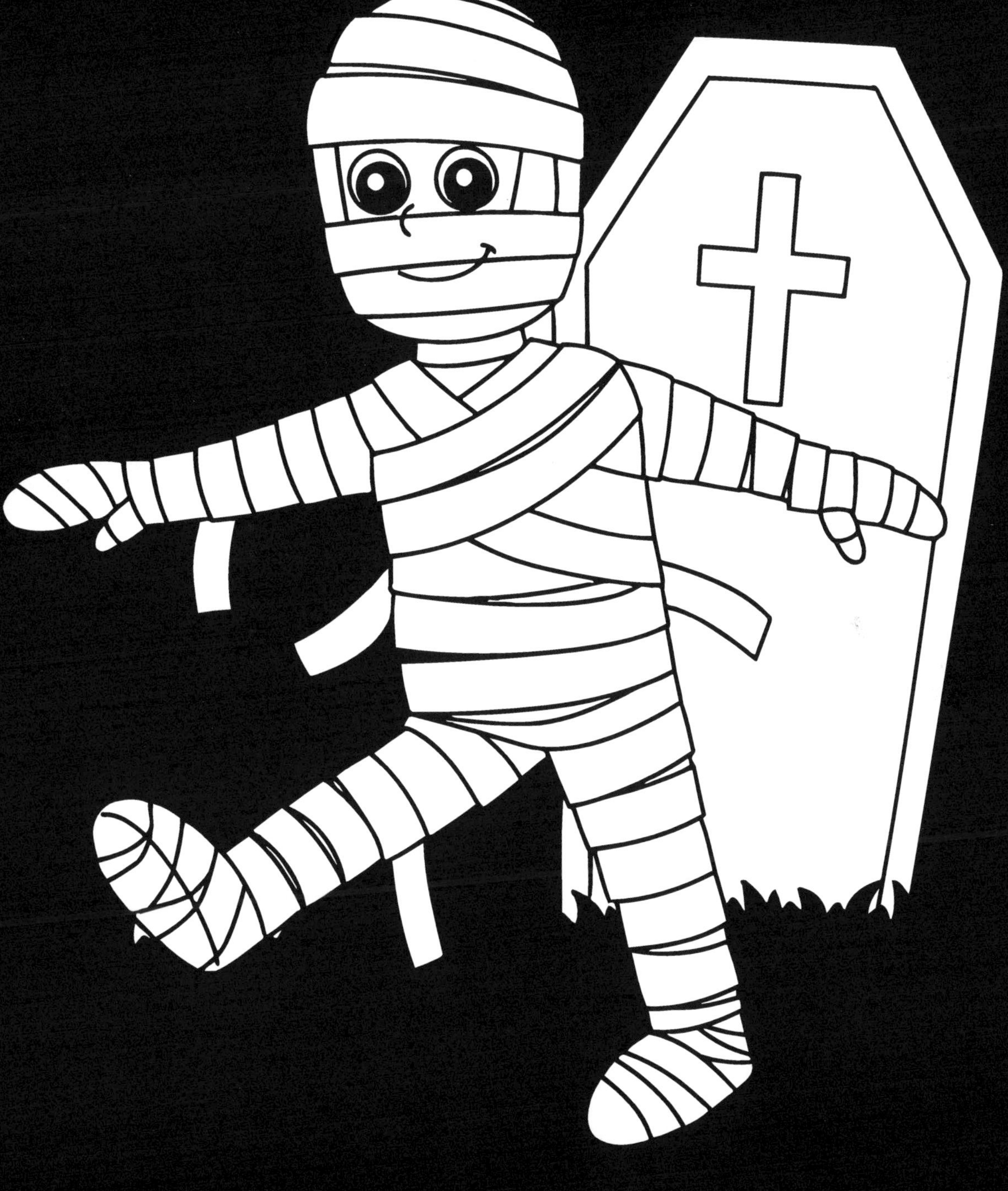

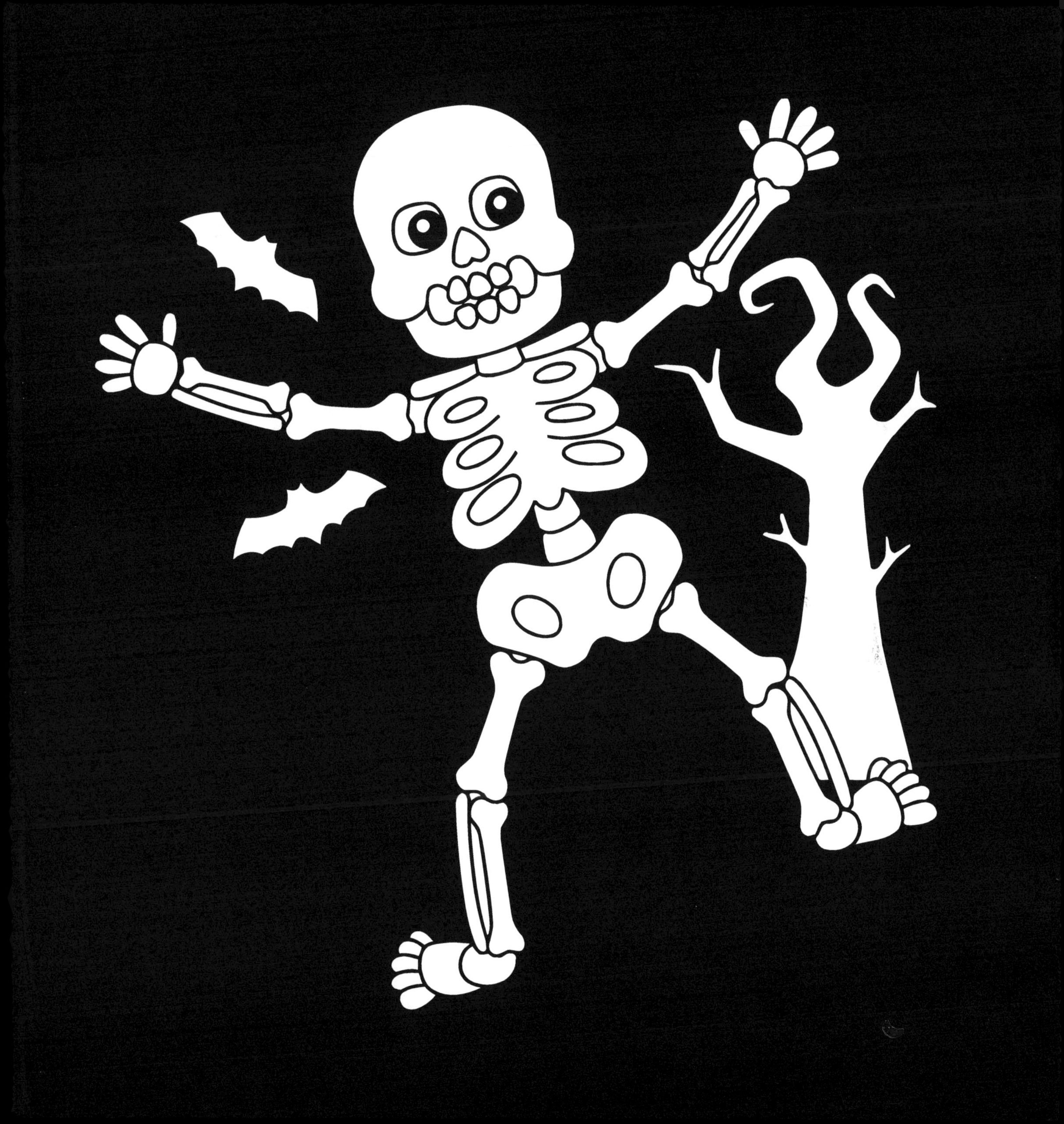

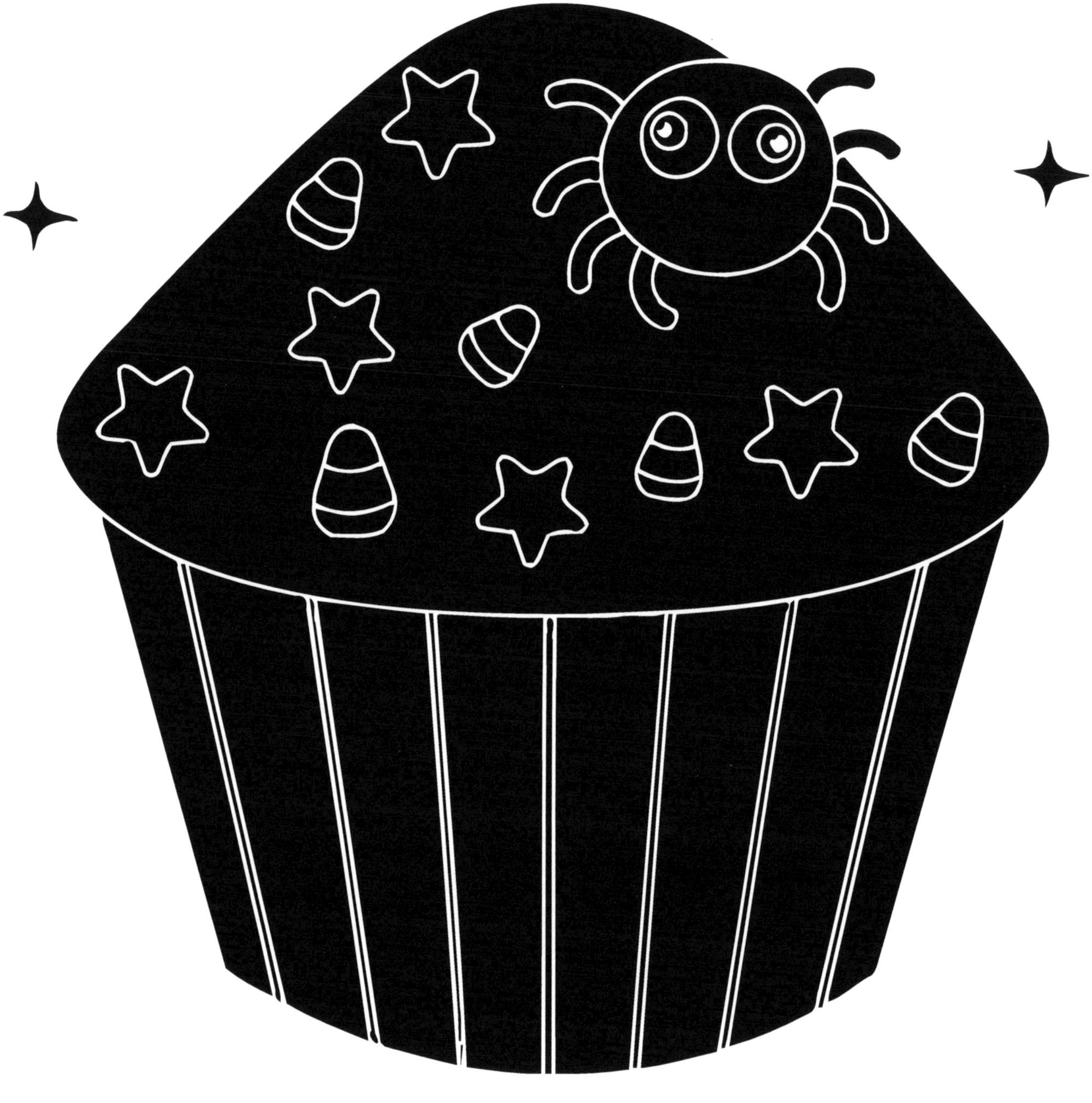

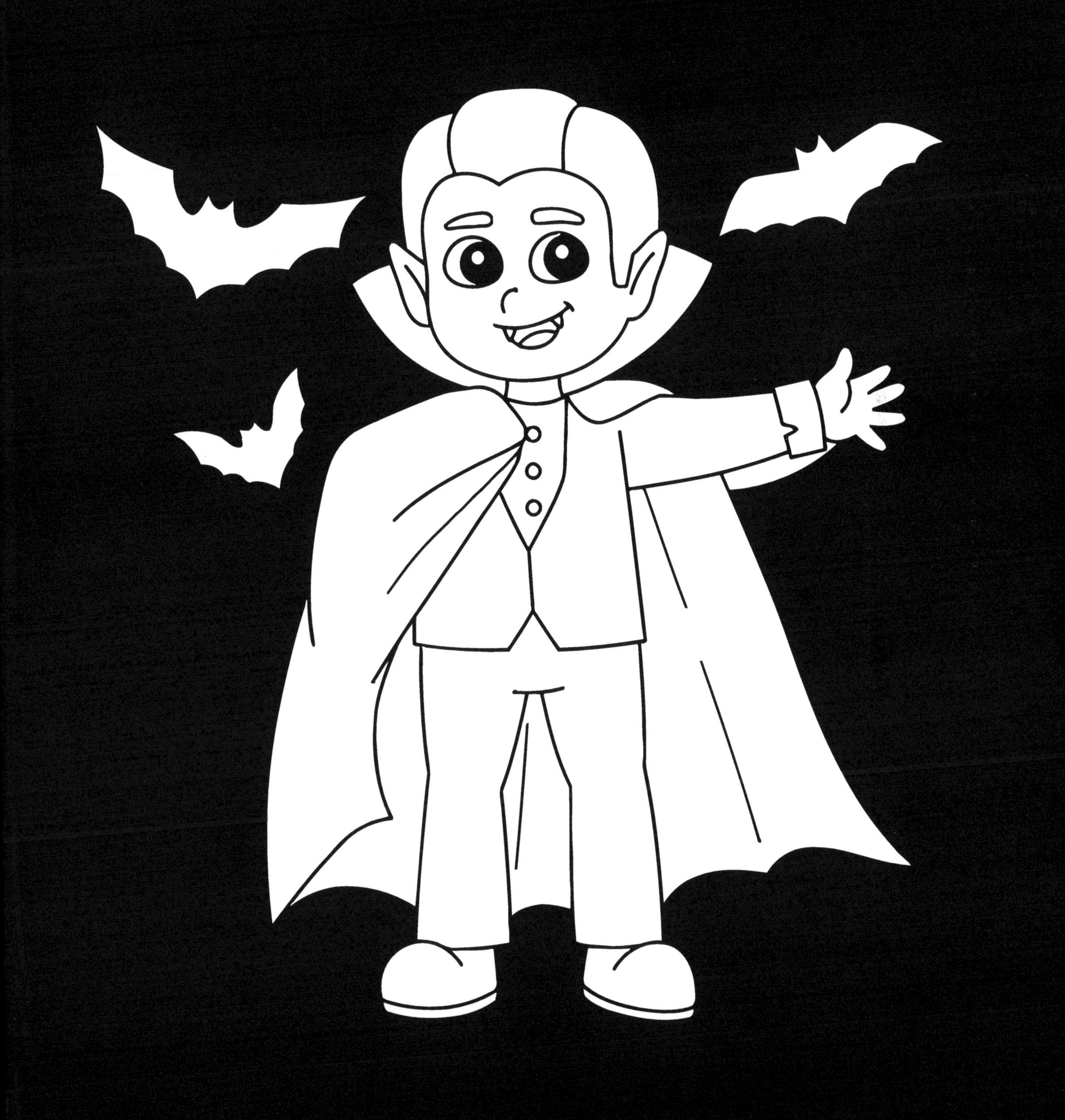

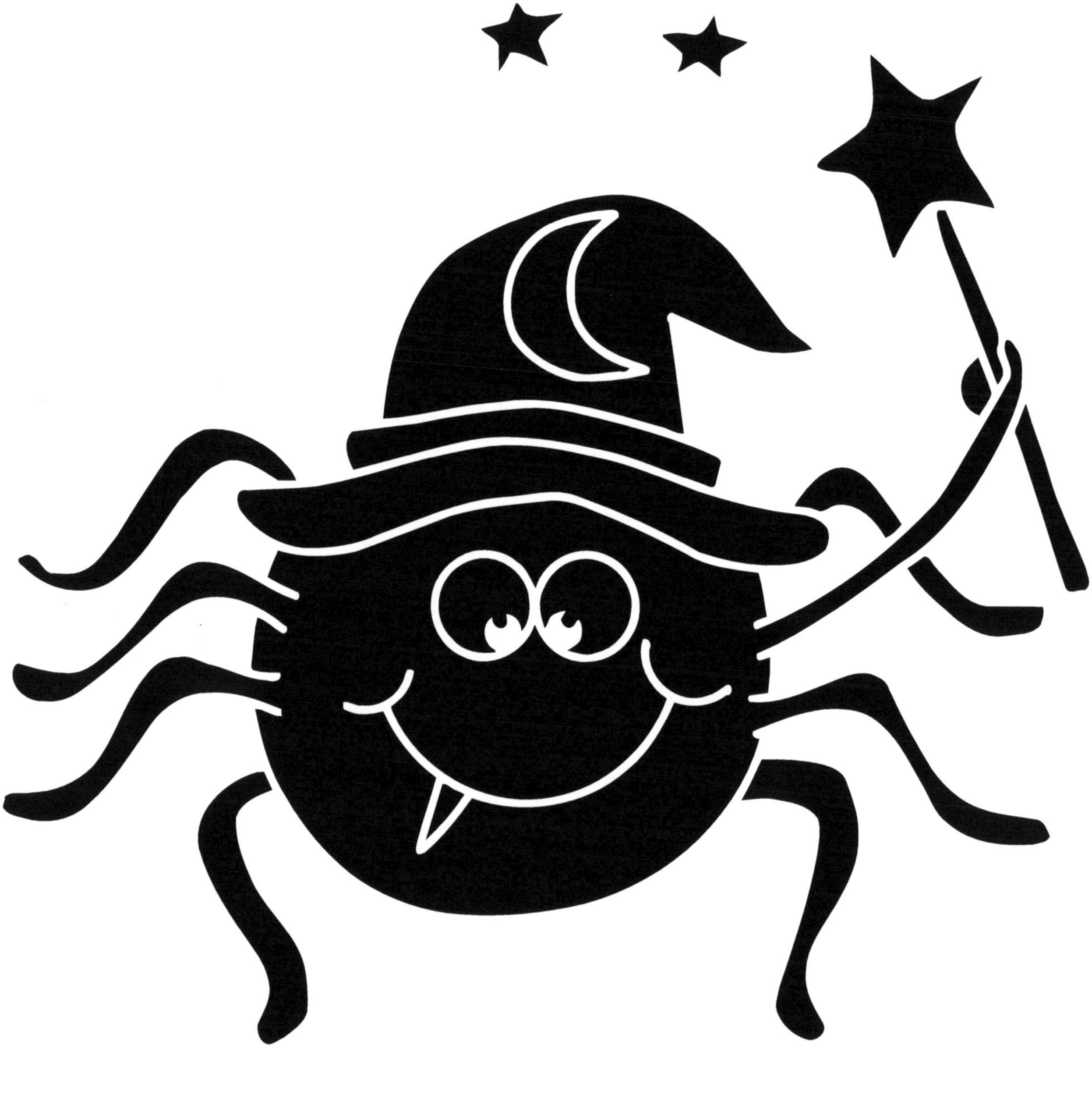

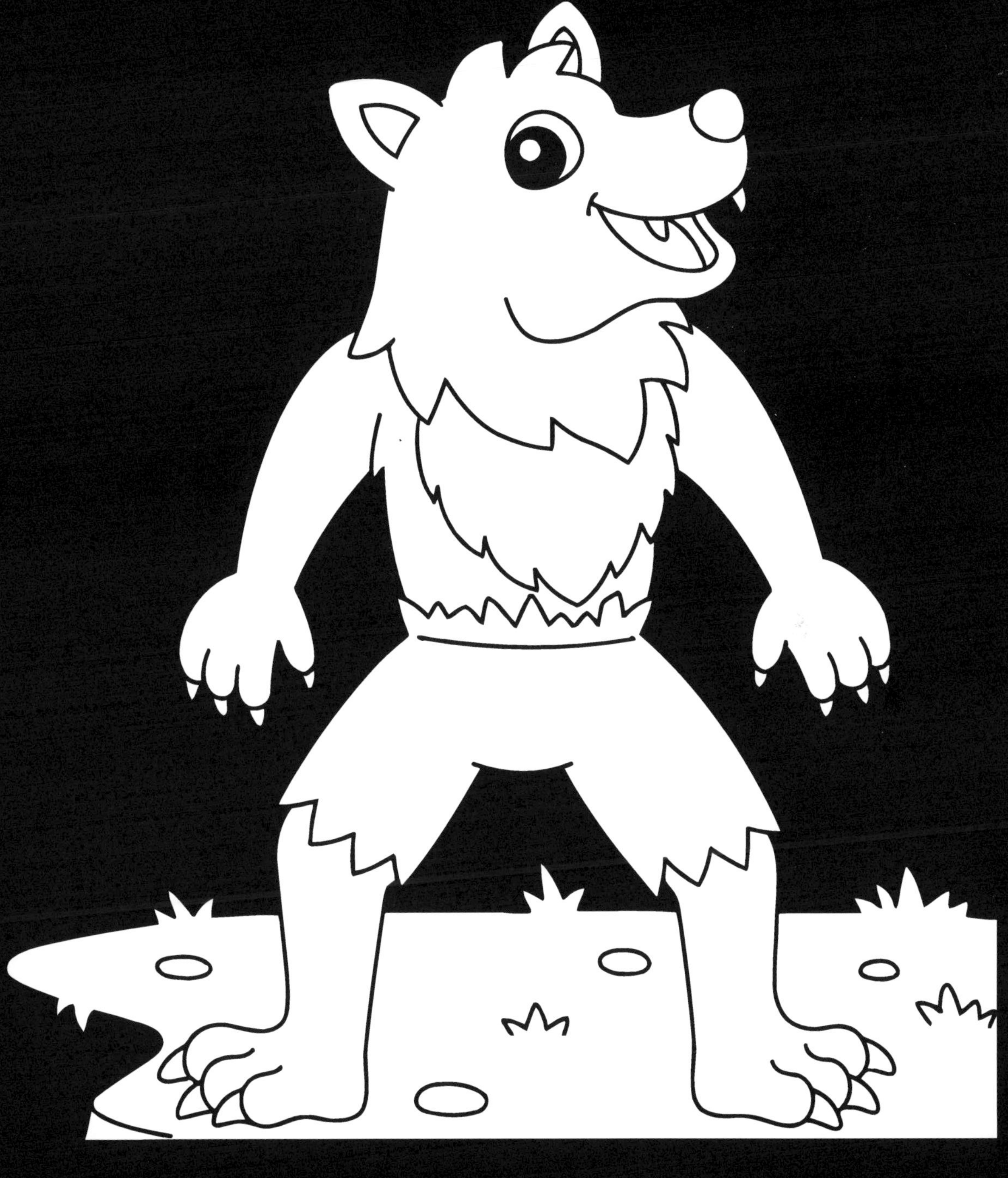

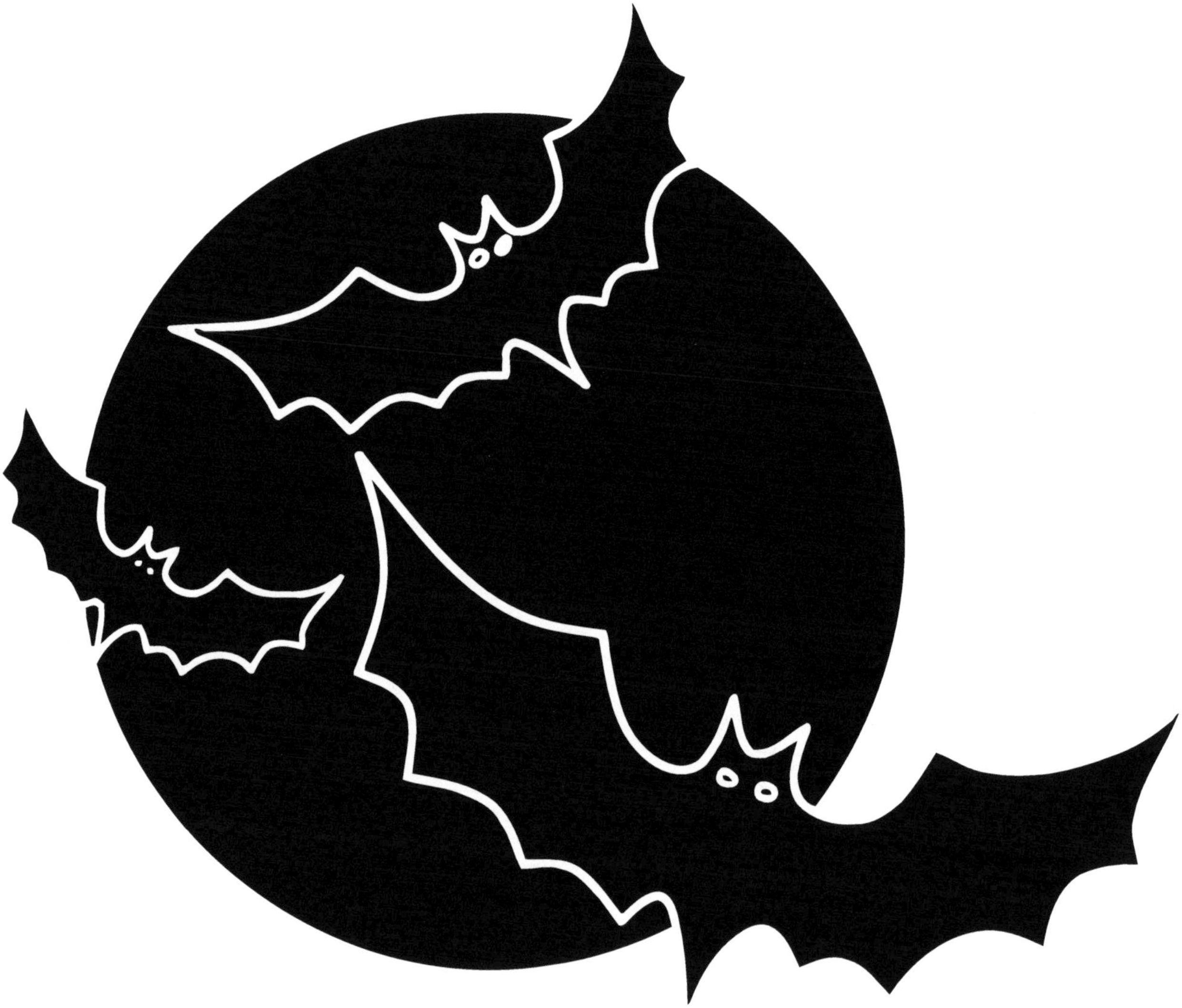

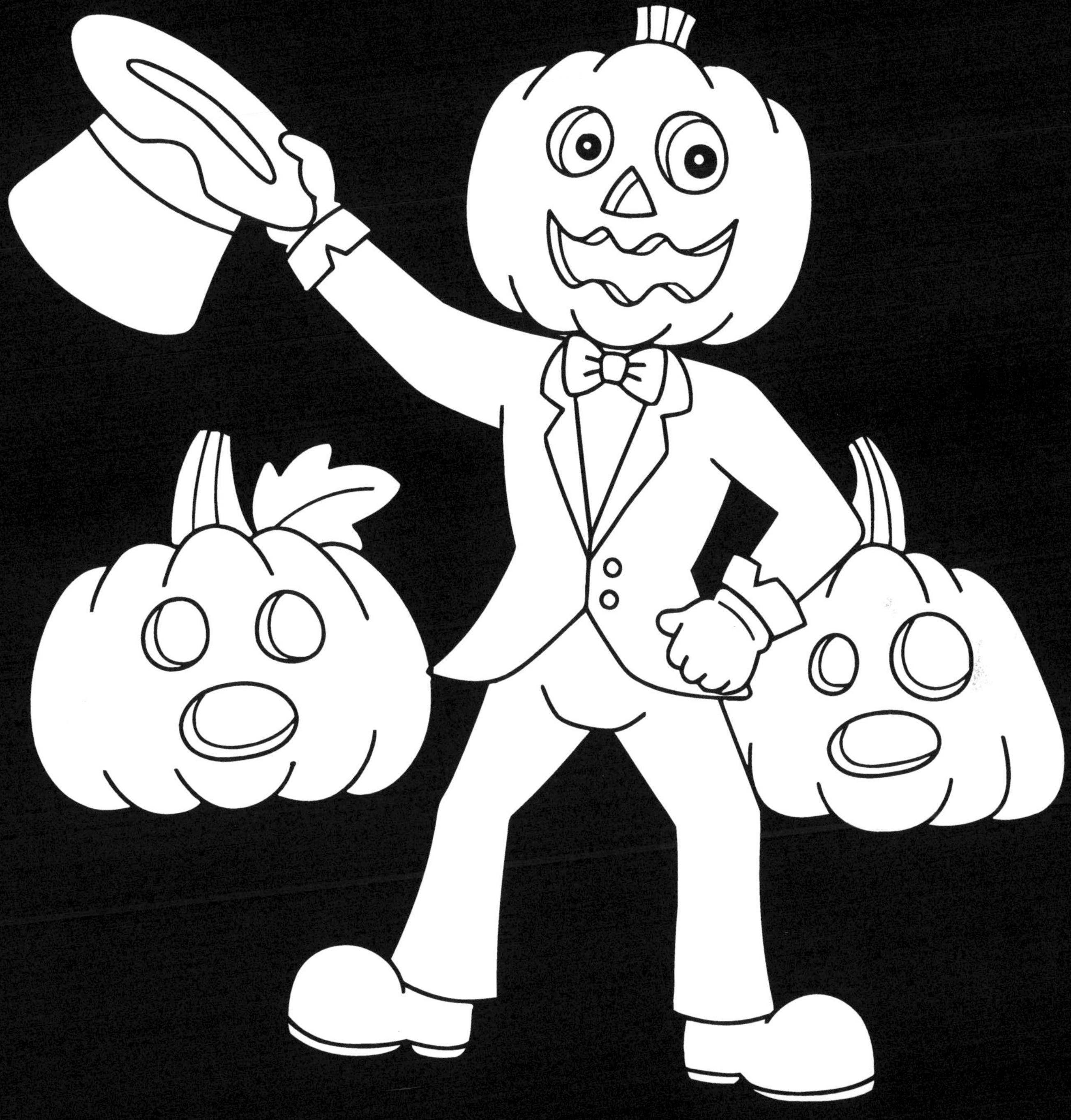

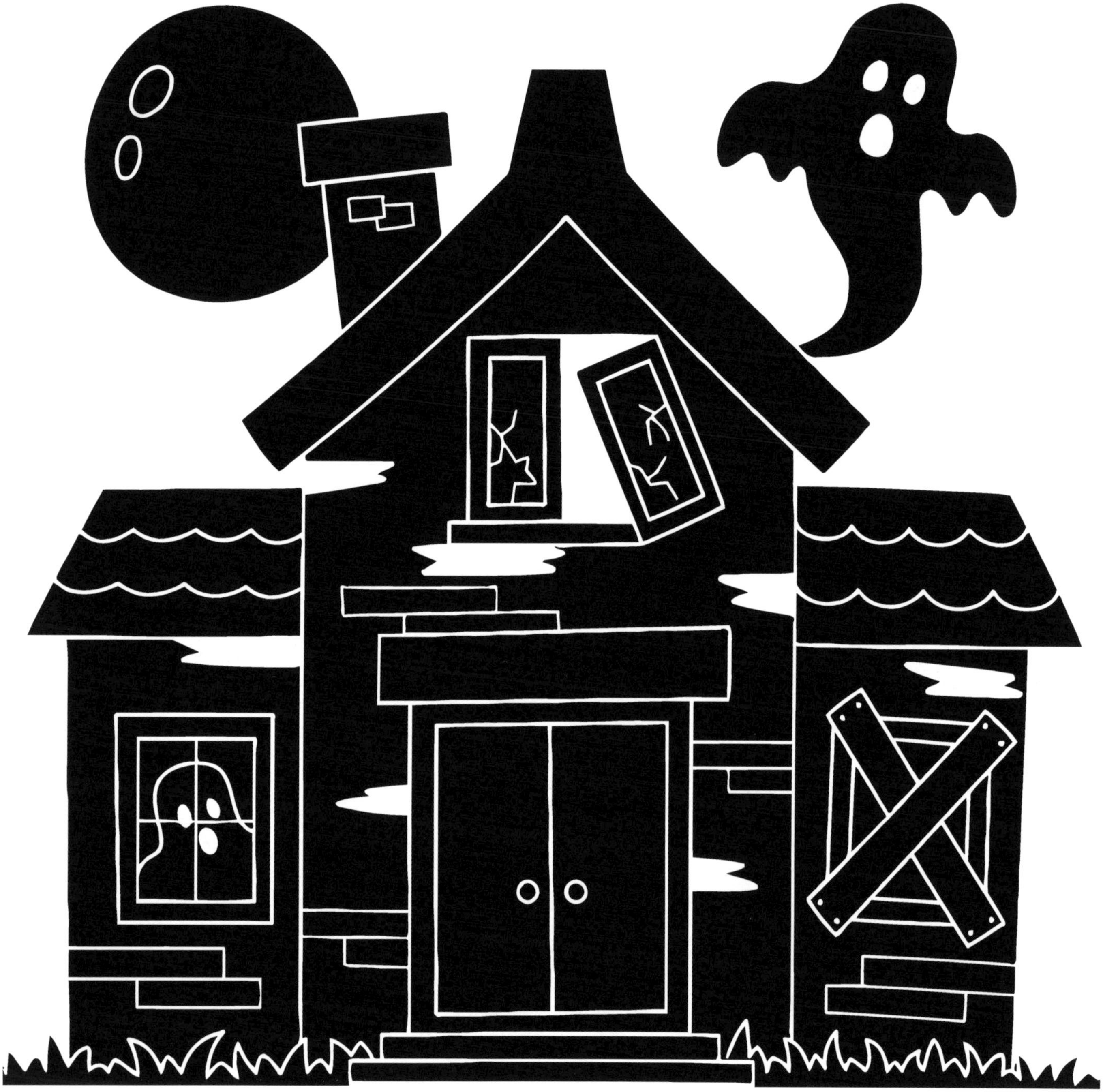

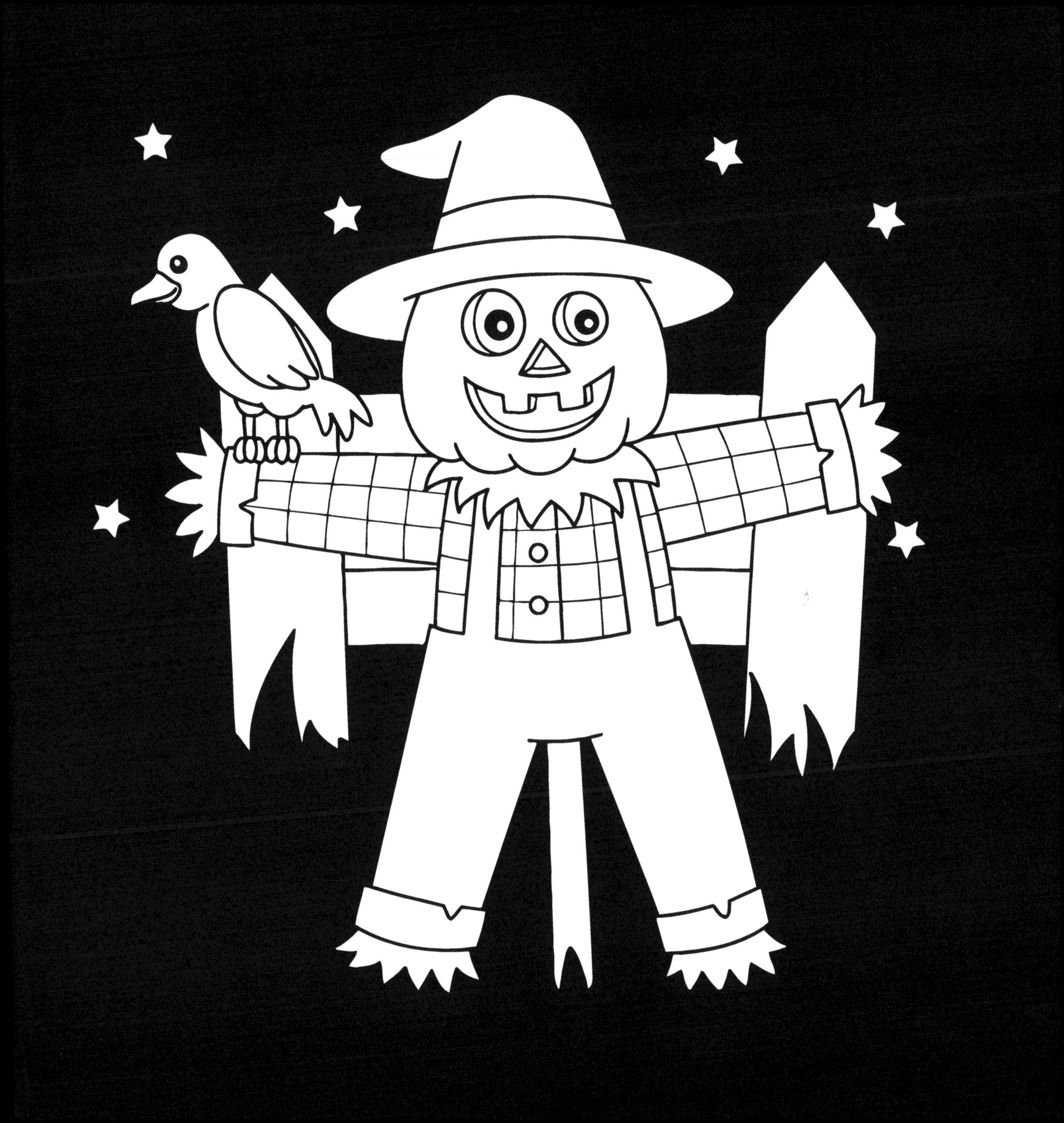

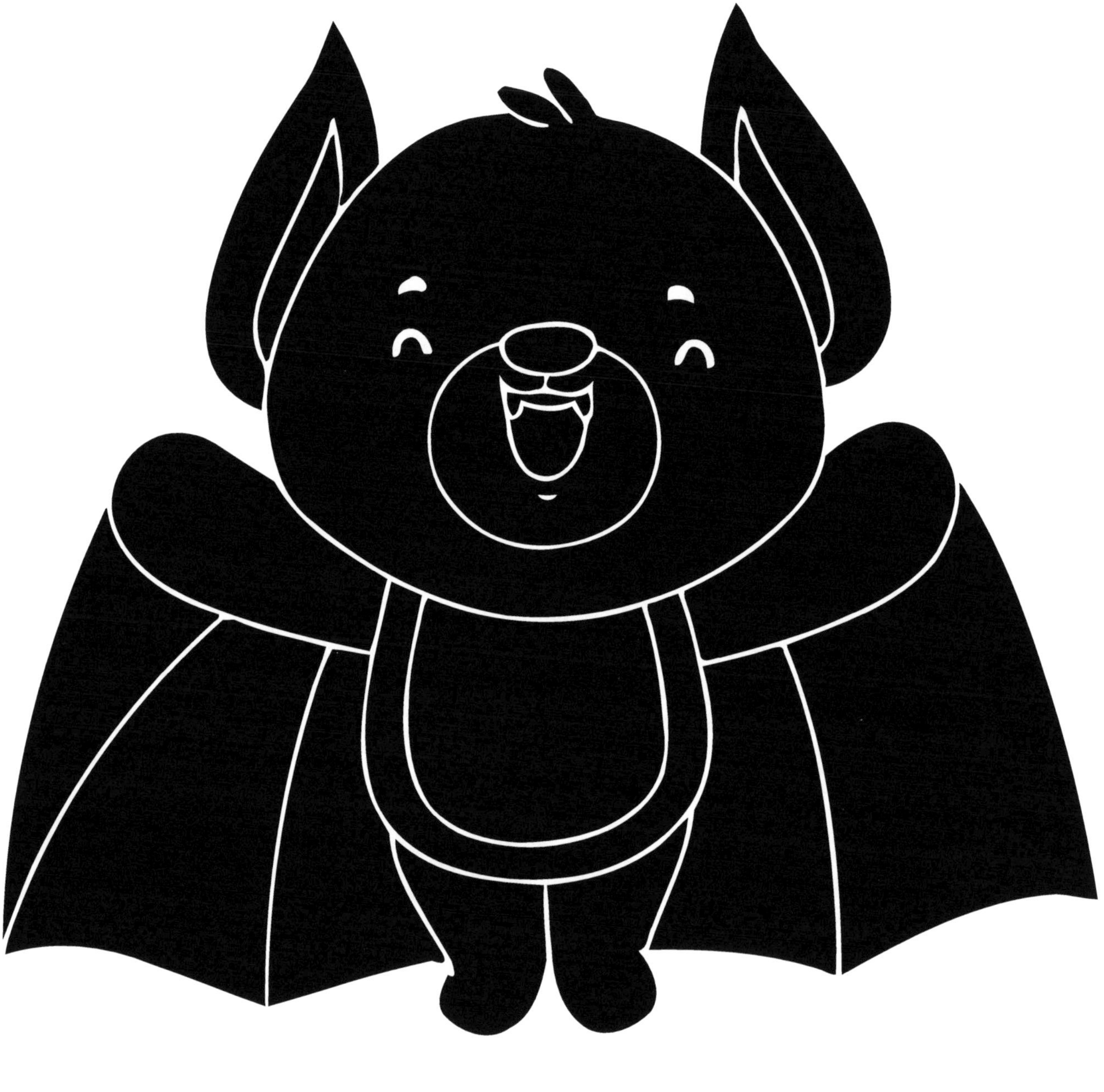

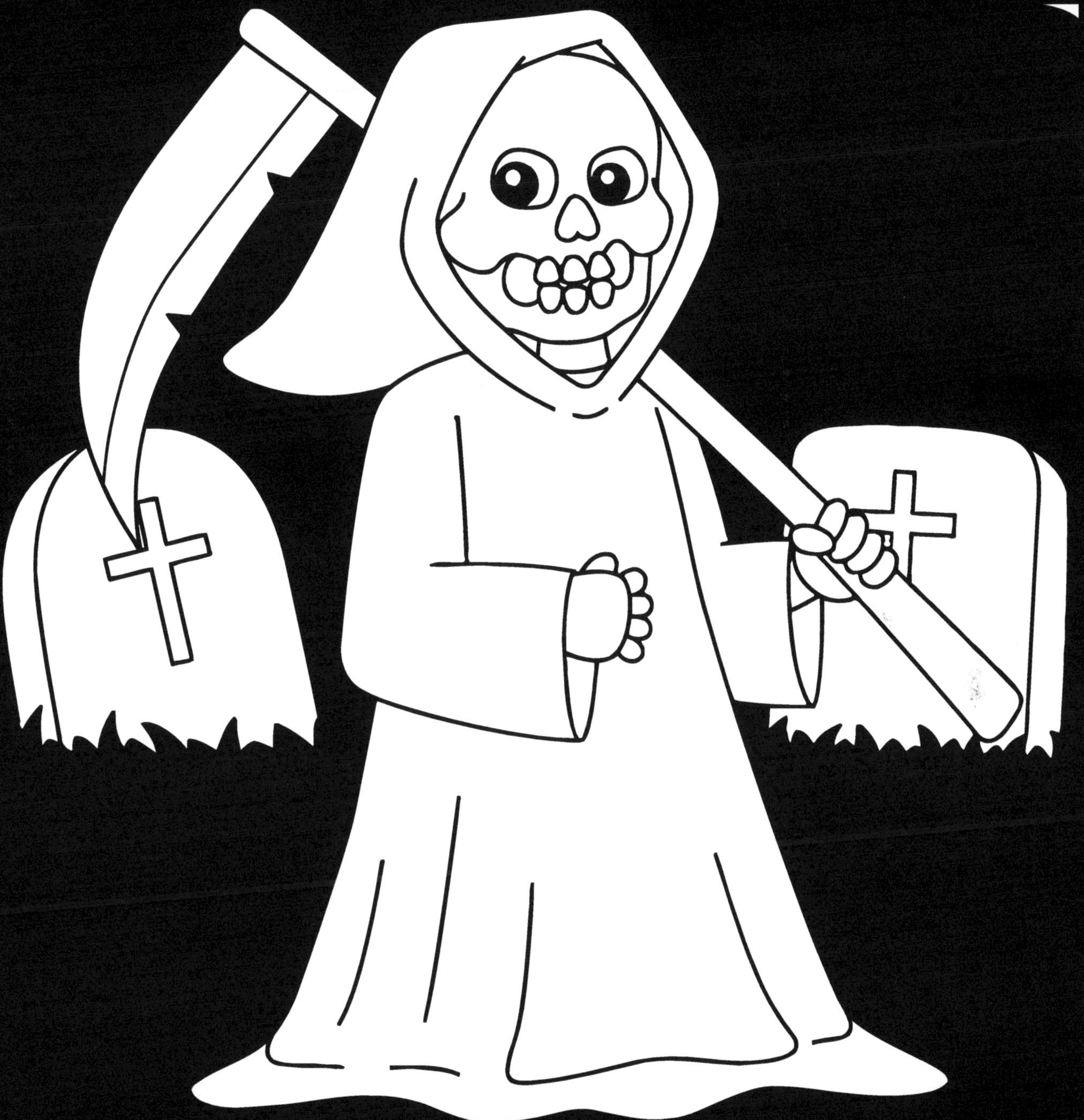

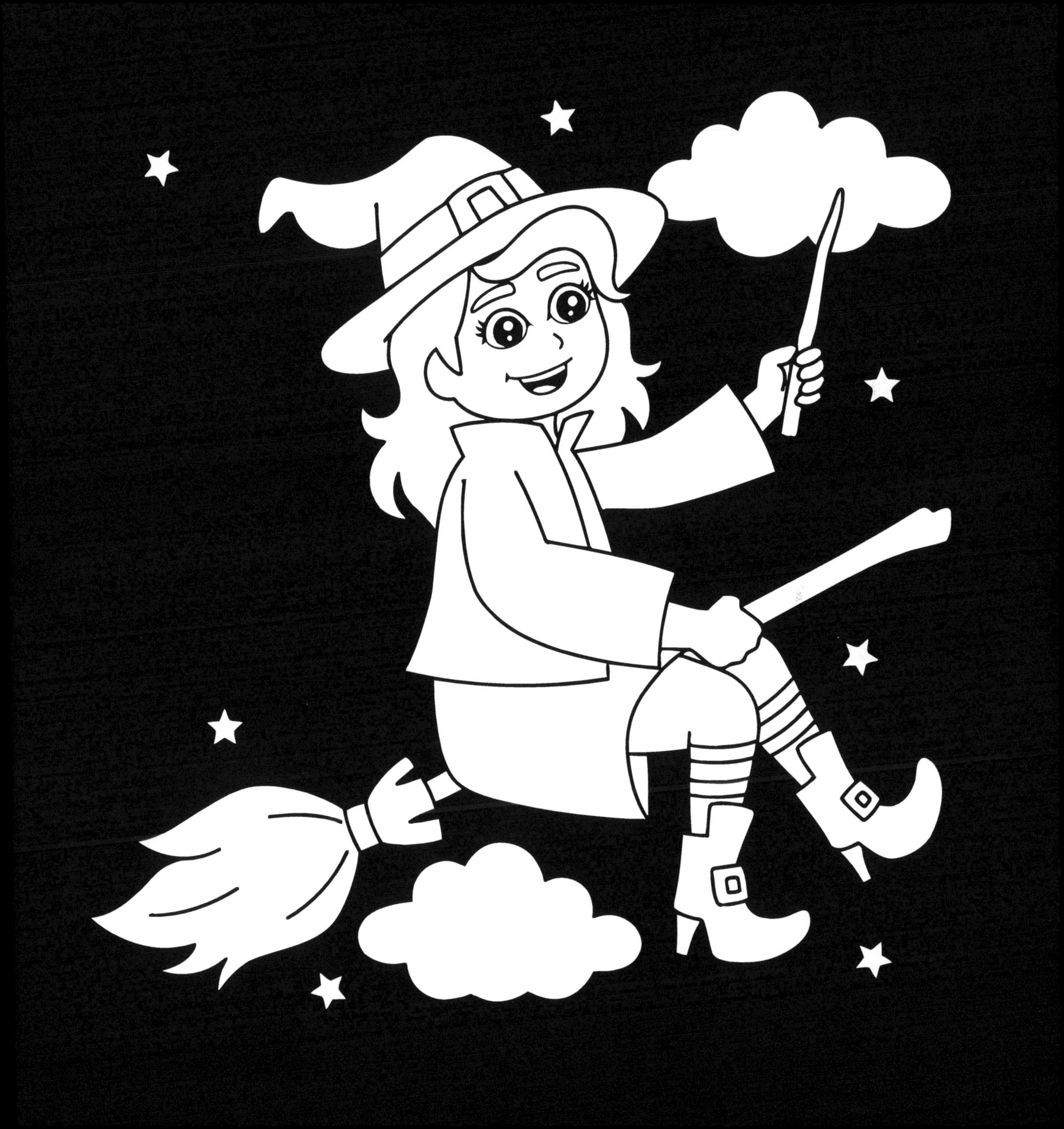

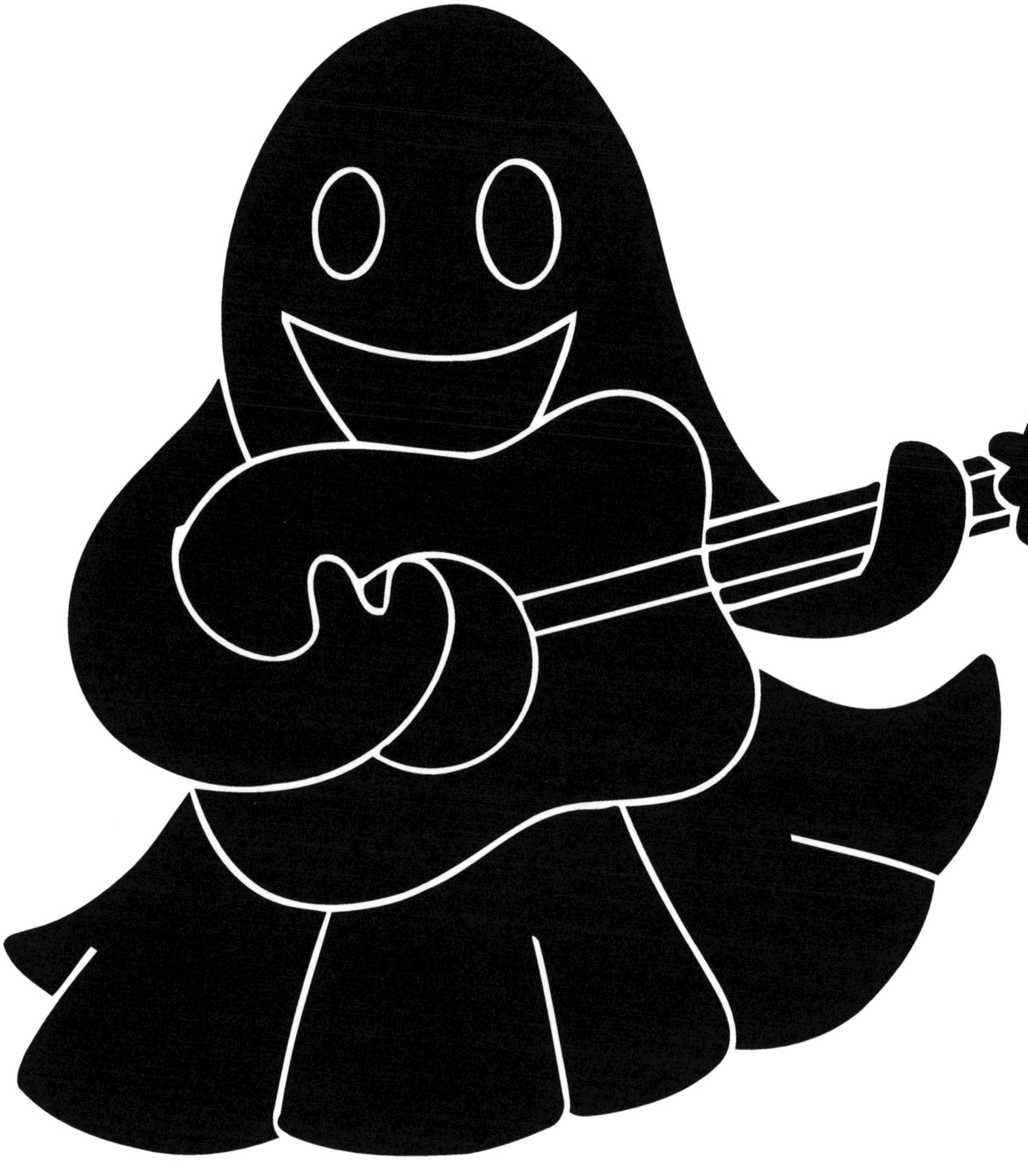

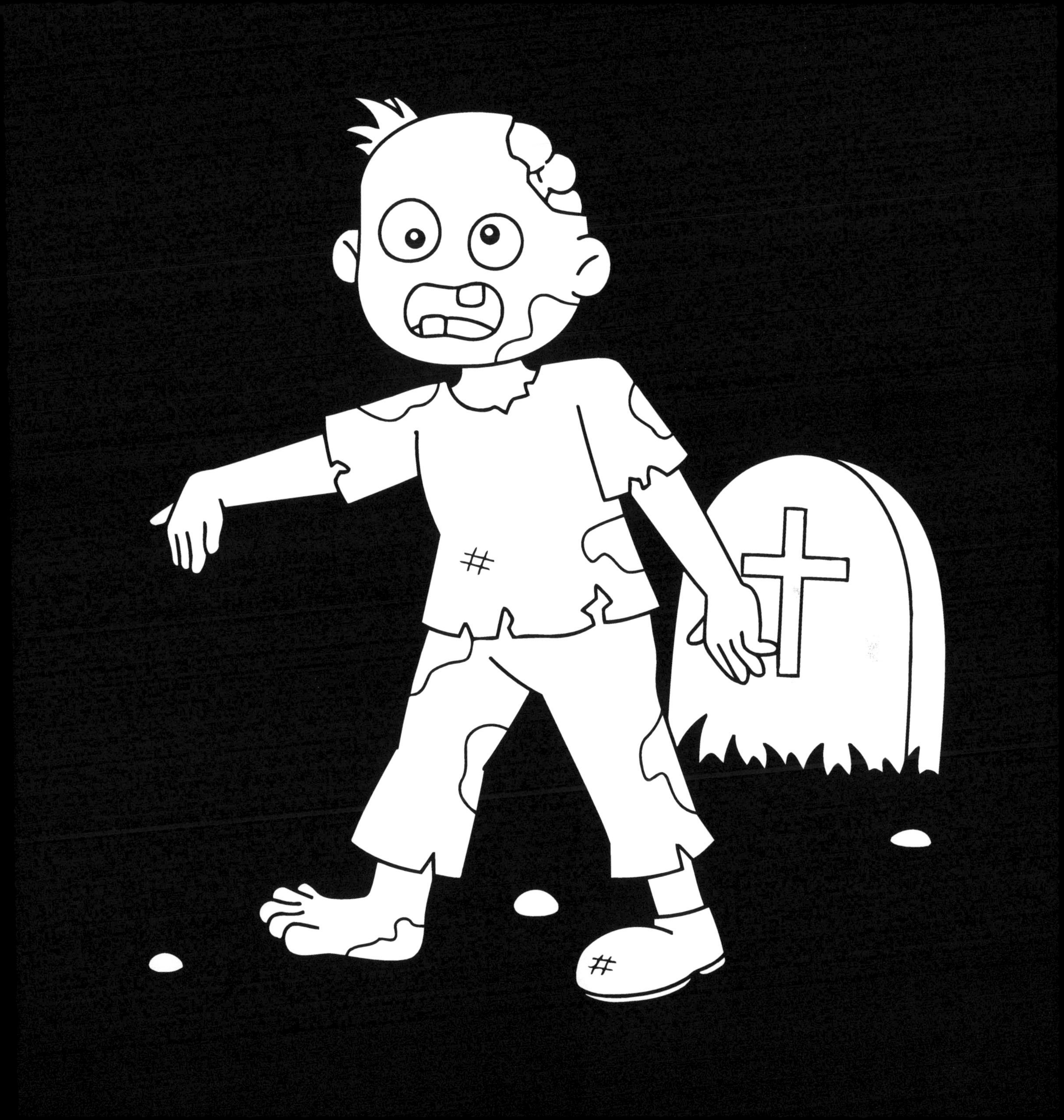

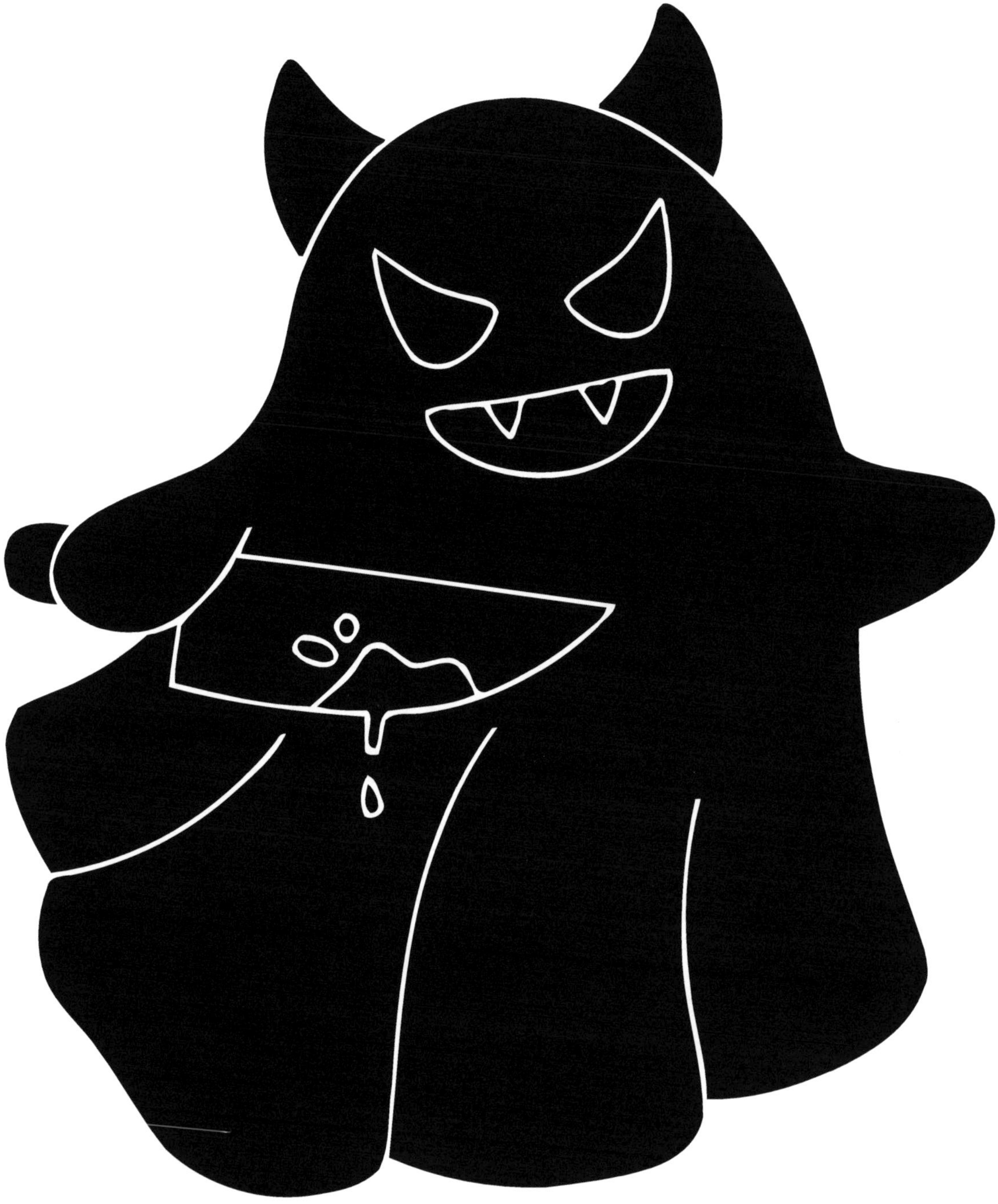

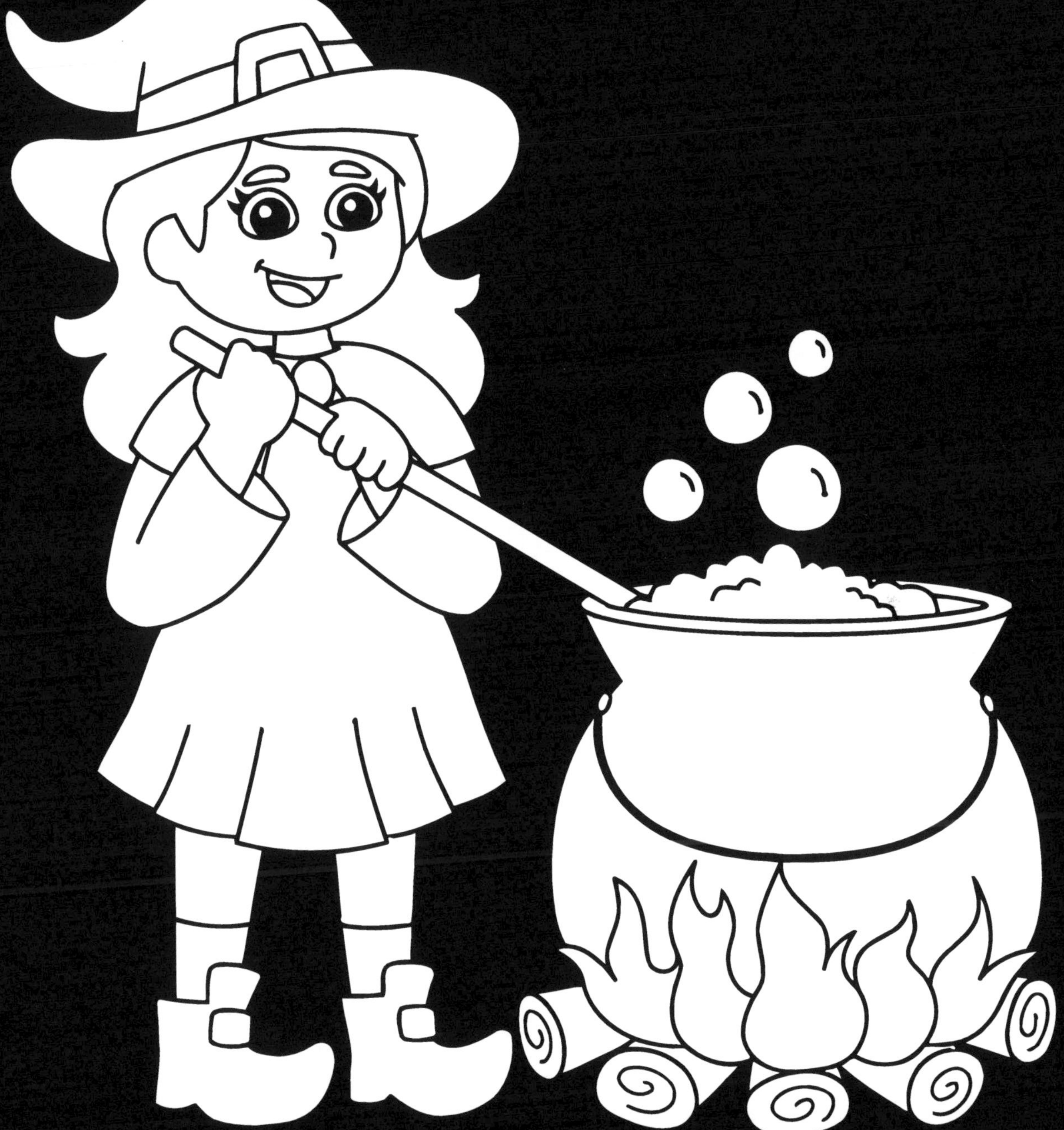

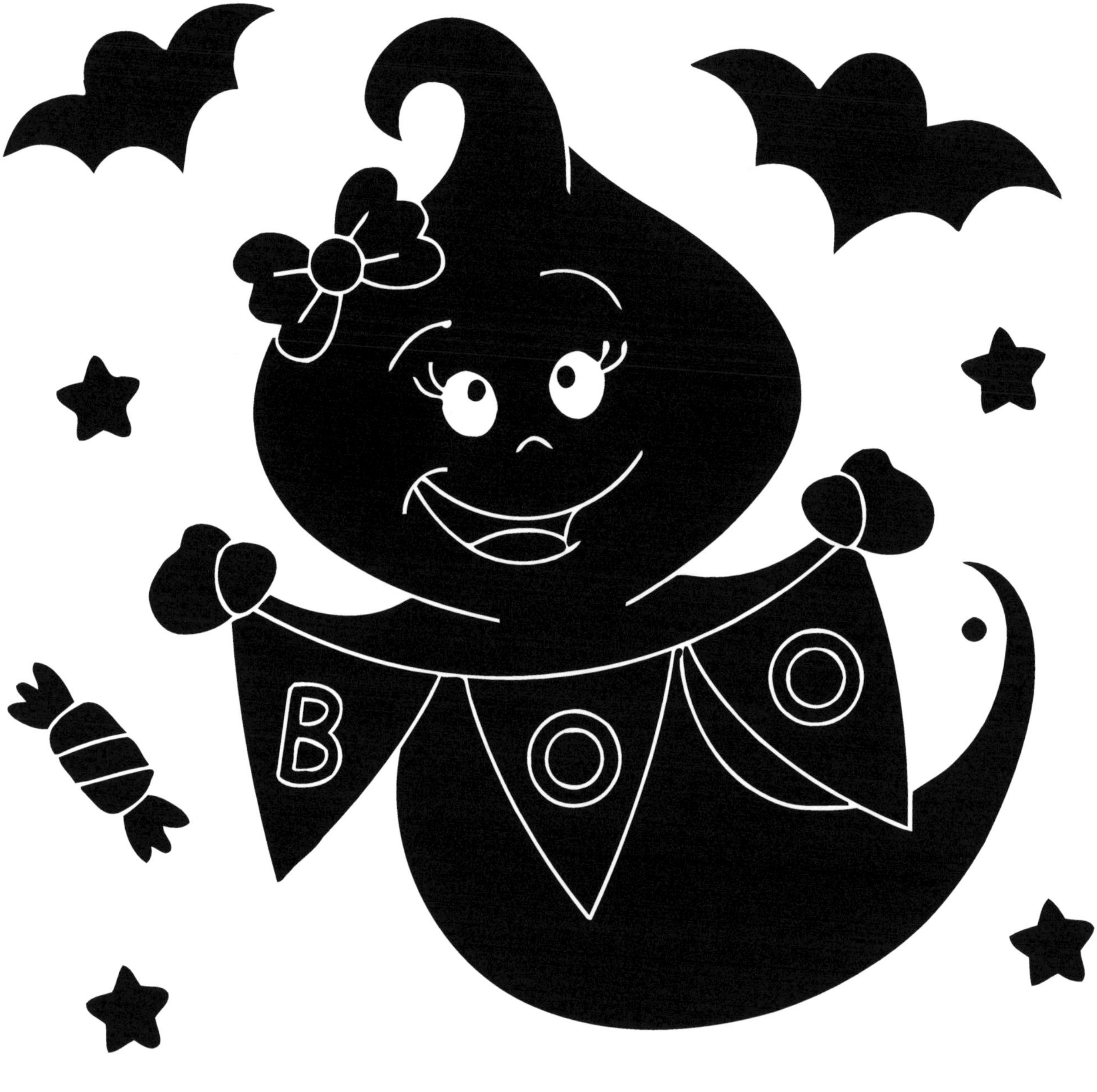
BOO

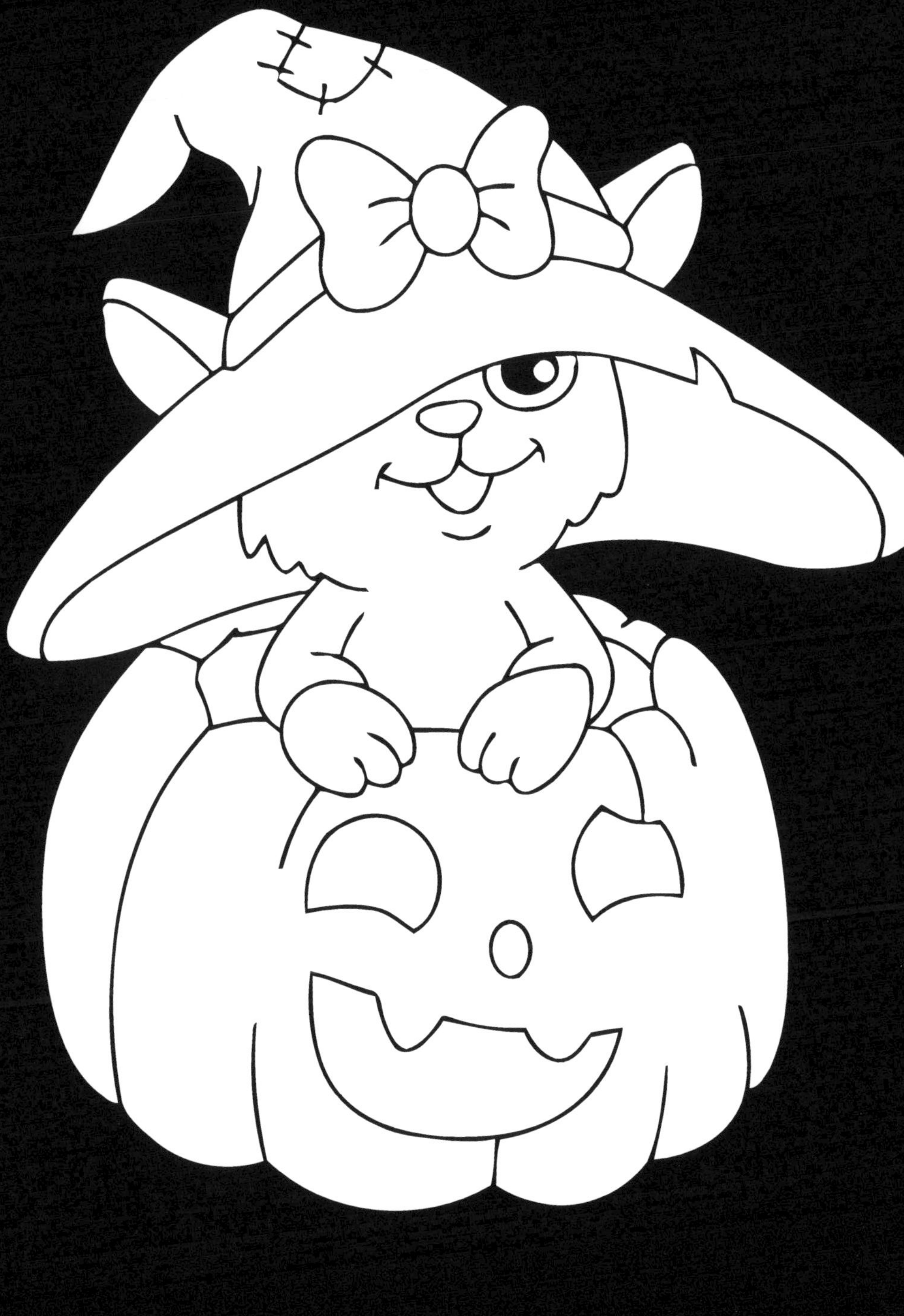

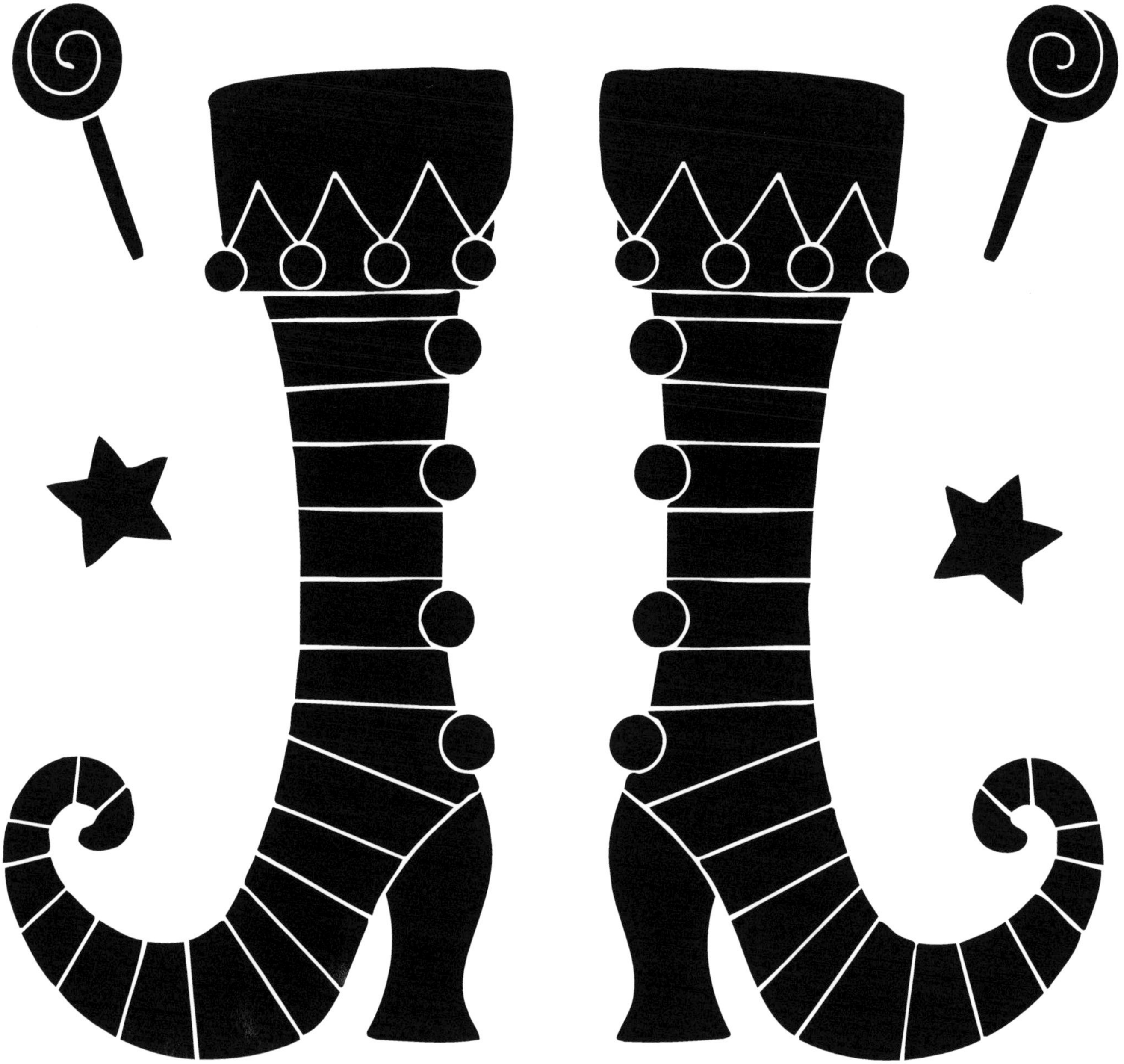

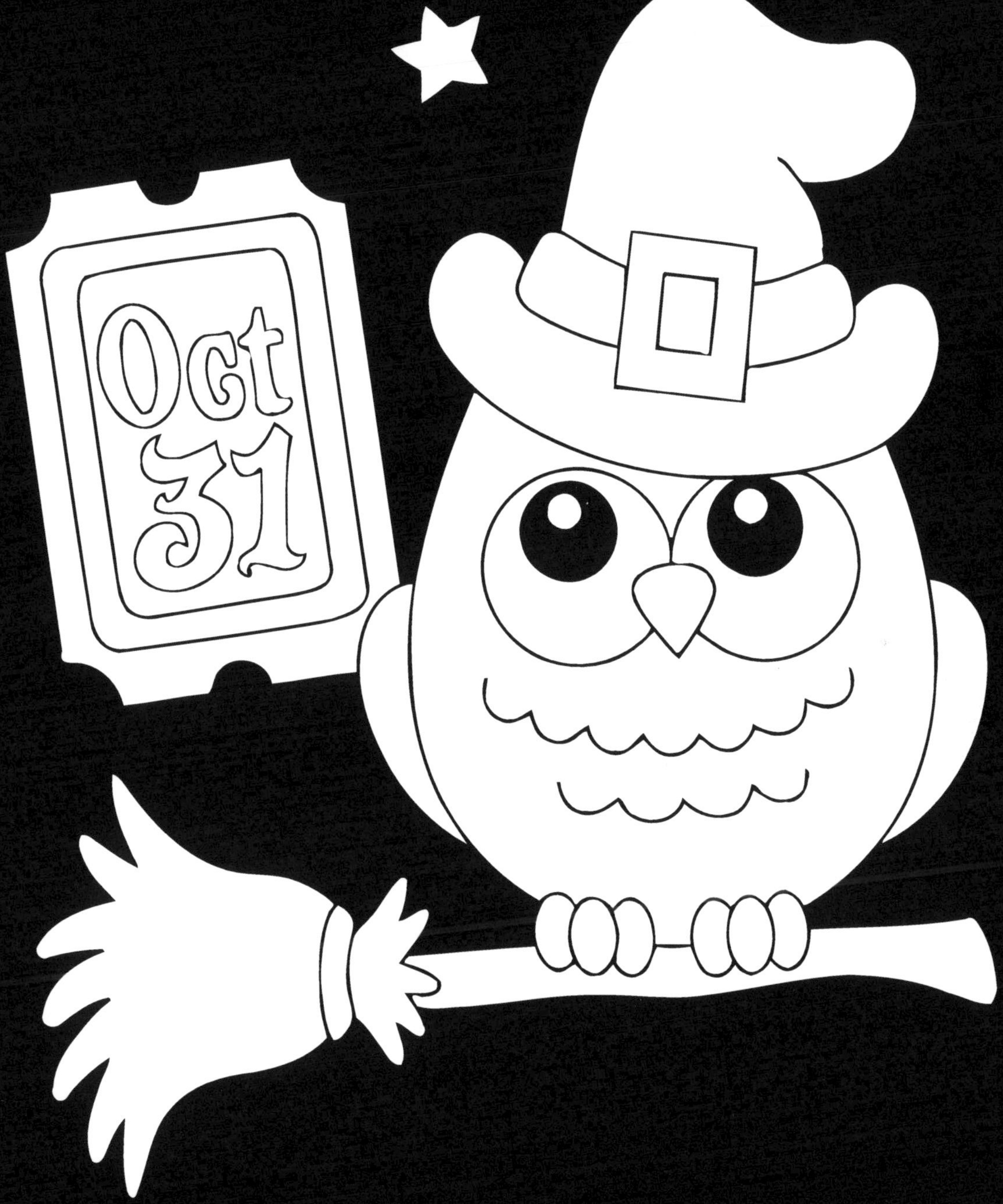
Oct
31

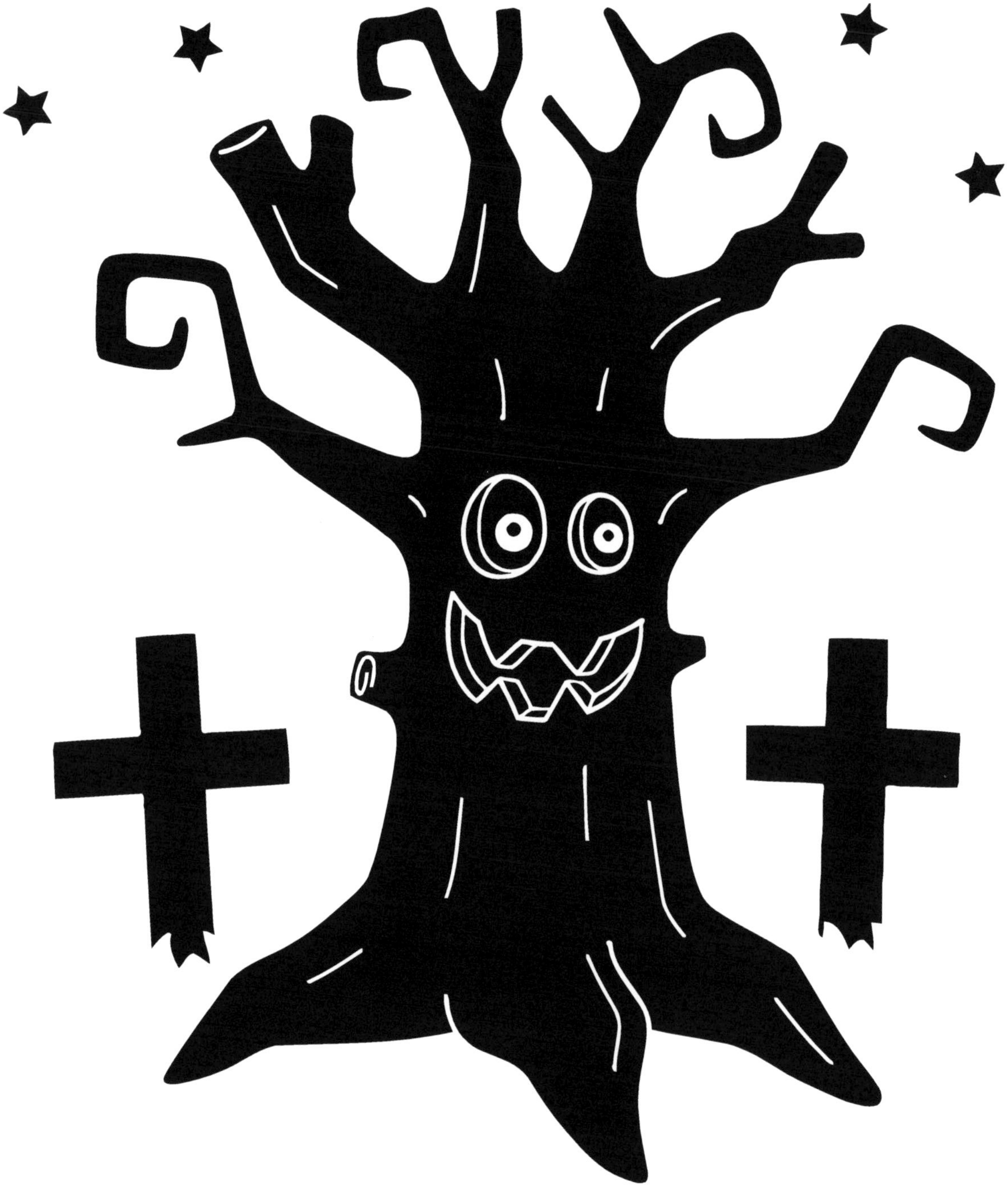

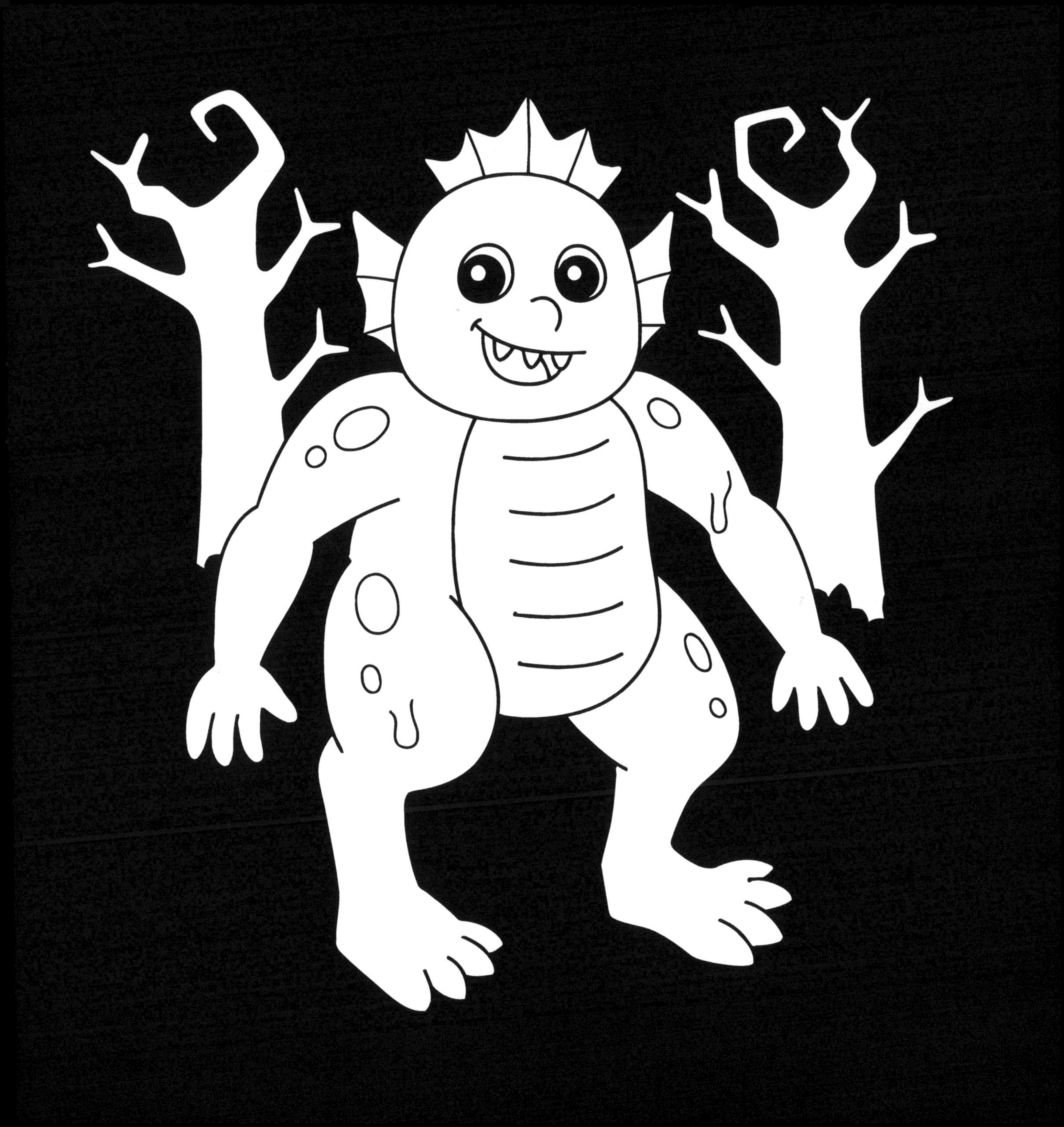

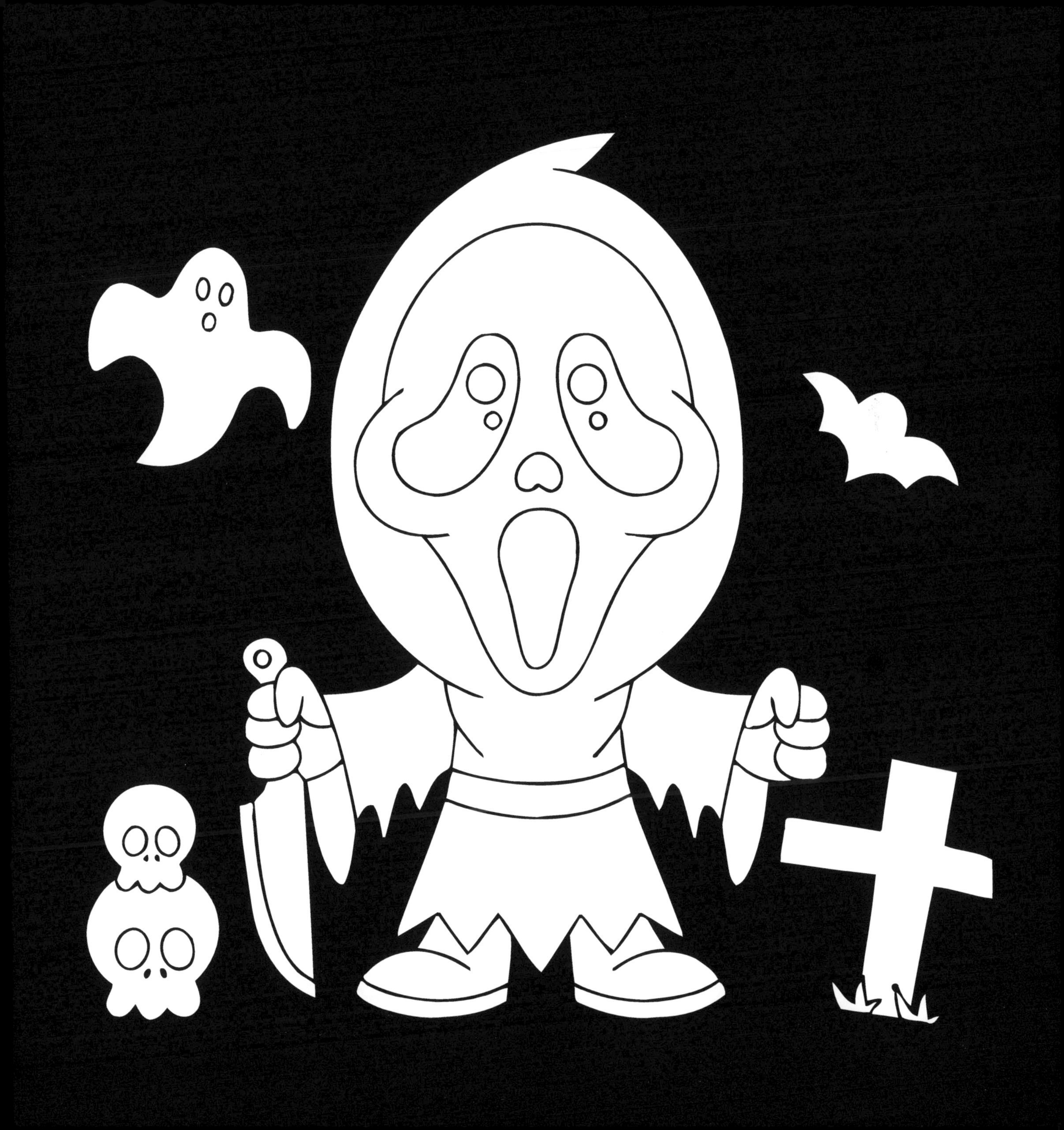

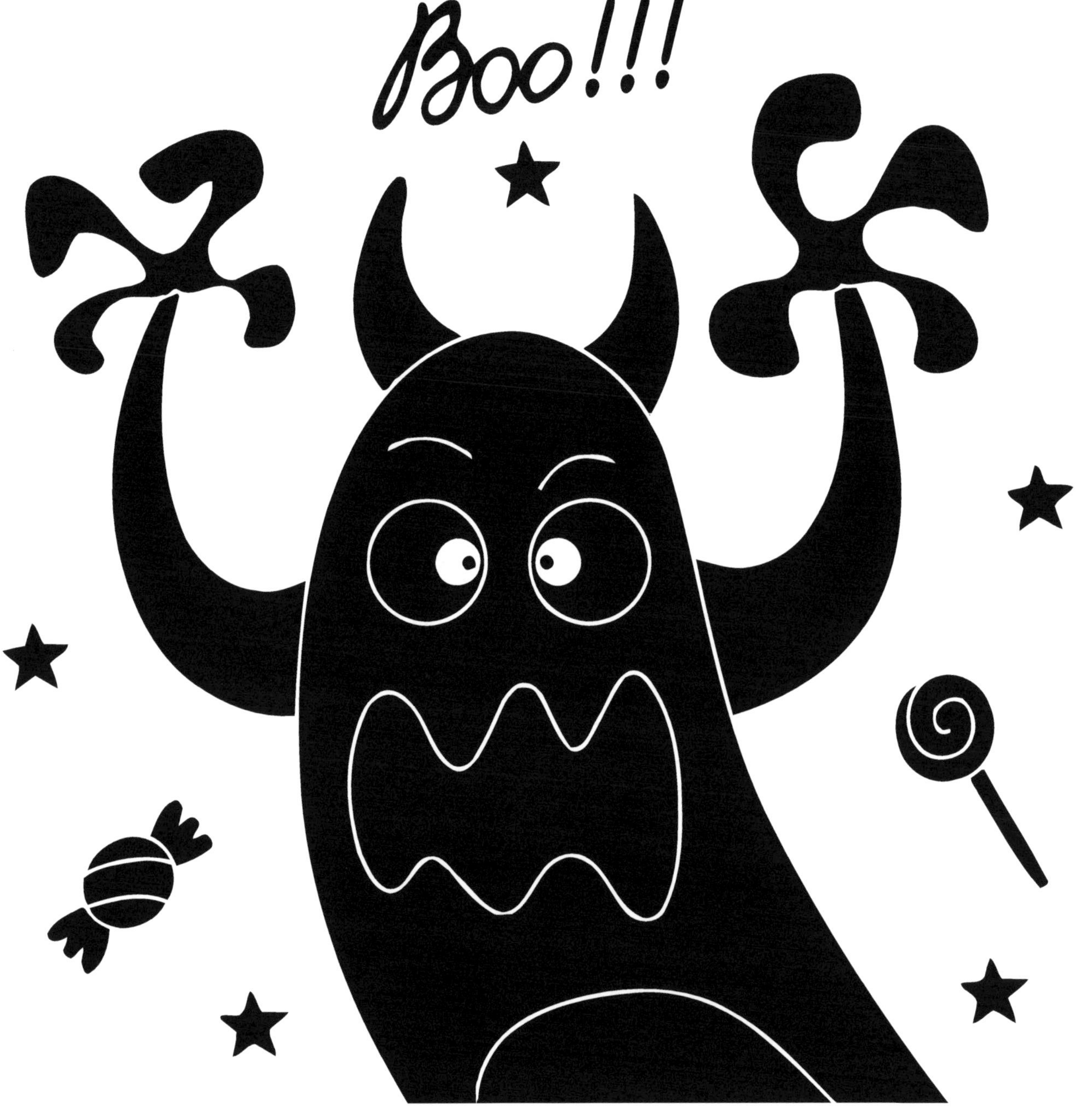
Boo!!!

Made in the USA
Monee, IL
01 November 2023

45596364R00020